Peter Thomas · Zwiesprache mit Gott

Peter Thomas

Zwiesprache mit Gott

Alltagsgebete

Kiefel Verlag
Wuppertal

Je mehr wir im stillen Gebet
empfangen,
desto mehr können wir
in unserem täglichen Leben
geben.

Mutter Teresa von Kalkutta

Dankt Gott in jeder Lebenslage.
Das will Gott von denen,
die mit Jesus Christus verbunden sind.

1. Thessalonicher 5, 18

Herr, ich danke dir für mein ganzes Leben,
für Licht und Schatten, für Freude und Leid,
denn ich brauche alles.

Danke für den Sonnenschein,
aber auch für den Regen.
Die Sonne erwärmt mich,
und der Regen erfrischt mich.

Danke für das Lob,
aber auch für den Tadel.
Das Lob bestärkt mich,
und der Tadel berichtigt mich.

Danke für den Freund,
aber auch für den Feind.
Der Freund übt Nachsicht gegen mich,
und der Feind erfordert sie von mir.

Danke für die Gesundheit,
aber auch für die Krankheit.
Die Gesundheit schafft mir Möglichkeiten,
und die Krankheit zeigt mir Grenzen.

Danke für die Gemeinschaft,
aber auch für die Einsamkeit.
Die Gemeinschaft schenkt mir Menschen,
und in der Einsamkeit bist du.

Herr, du bist in allen Lebenslagen bei mir,
ich danke dir dafür.

Wenn ich mit Menschen- und Engelzungen redete
und hätte die Liebe nicht,
so wäre ich ein tönendes Erz
oder eine klingende Schelle.
Und wenn ich prophetisch reden könnte
und wüßte alle Geheimnisse und alle Erkenntnis
und hätte allen Glauben,
so daß ich Berge versetzen könnte,
und hätte die Liebe nicht, so wäre ich nichts.
Und wenn ich alle meine Habe den Armen schenkte,
und wenn ich meinen Leib hingeben würde,
um Ruhm zu gewinnen, und hätte die Liebe nicht,
so würde mir's nichts nützen.

1. Korinther 13, 1-3

Herr,
wir suchen im Leben das gute Wort,
viele erwarten es,
vor allem aber Liebe.
Lieber soll es mir an Worten fehlen
als an Liebe.

Herr,
wir suchen im Leben das reiche Wissen,
der Alltag erfordert es,
vor allem aber Liebe.
Lieber soll es mir an Wissen mangeln
als an Liebe.

Herr,
wir suchen im Leben den großen Erfolg,
er befriedigt uns,
vor allem aber Liebe.
Lieber soll mir der Erfolg ausbleiben
als die Liebe.

Herr,
wir suchen im Leben den starken Glauben,
wir brauchen ihn,
vor allem aber Liebe.
Lieber soll es mir an Glauben gebrechen
als an Liebe.

Denn nur die Liebe kann uns retten.

Wenn du beten willst, gehe in dein Zimmer,
schließe die Tür hinter dir zu
und bete zu deinem Vater.
Und dein Vater, der deine geheimsten Gedanken kennt,
wird dich erhören.

Matthäus 6, 6

Wenn wir die Tür hinter uns schließen,
öffnen sich für uns ungeahnte Türen,
die zu dir, Herr, führen, –
du bedarfst keiner Türen, um uns zu finden.

Wir sprechen nur mit uns selbst,
doch du redest mit uns.
Wir hinken unseren Gedanken nach,
doch du verstehst unsere Gedanken von ferne.
Wir begreifen uns manchmal nicht mehr,
doch du begreifst uns noch immer.
Das alles läßt uns geborgen sein.

Vor dir halten wir uns selbst aus
mit unseren Versäumnissen und Verirrungen,
mit unseren geheimen Ängsten und Sehnsüchten,
mit unserem unruhigen Herzen.

Wir wagen die Stille vor dir,
um den Lärm zu ertragen.
Wir ziehen uns zurück,
um vorwärtszukommen.
Wir geben alles aus der Hand,
um uns die Hände von dir füllen zu lassen.
Wir schließen die Augen,
um besser sehen zu können.

Wir möchten zu uns selbst kommen
und zu den Menschen,
deshalb kommen wir zu dir, Herr.

Das Gebet, als letzte Hingabe gefaßt,
macht still,
macht kindlich,
macht objektiv.
Die großen Dinge des Daseins
werden nur den betenden Geistern
geschenkt.

Peter Wust

Jakob träumte, und siehe, eine Leiter
stand auf Erden, die rührte mit der Spitze
an den Himmel, und siehe,
die Engel Gottes stiegen daran auf und nieder.
Und der Herr stand oben darauf und sprach:
Ich bin der Herr, der Gott
deines Vaters Abraham, und Isaaks Gott;
das Land, darauf du liegst, will ich dir
und deinen Nachkommen geben.

1. Mose 28, 12-13

Wir wollen keine Träumer sein, Herr,
aber laß uns das Träumen nicht verlernen.
Das Leben ist nicht auszuhalten ohne Visionen,
ohne Ideale, ohne gute Erwartungen.

Wenn uns die Wirklichkeit bedrängt,
wenn unsere Wege verworren sind,
brauchen wir die Fantasie,
uns alles ganz anders vorzustellen.
Sonst regiert uns Bitternis,
fallen wir in Resignation und Verzweiflung.

Wir haben die Träume nötig,
daß Bäume und Blumen nicht verdorren,
Haß und Krieg aufhören,
der Mensch von seiner Angst befreit wird,
die Maßlosigkeit ein Ende hat
und jeder des anderen Freund ist.

Du selbst hast uns den Mut gegeben
zu diesen Träumen.
Weil du deinen Fuß auf diese Welt gesetzt hast,
lebt in uns das Bild einer anderen Welt.
Die heillose Wirklichkeit
soll uns nicht mehr schrecken.

Wir wollen
mit beiden Beinen auf der Erde
träumen.

Das Reich Gottes
kommt nicht mit erkennbaren Zeichen;
man wird auch nicht sagen:
Siehe, hier ist es!
oder: Da ist es!
Denn siehe,
das Reich Gottes
ist mitten unter euch.

Lukas 17, 20–21

Wir warten auf das Reich Gottes,
auf die Vollendung,
die mit deinem Kommen begonnen hat.

Aber dein Reich ist schon
mitten unter uns,
zeichenhaft,
wenn wir einander lieben,
miteinander teilen,
füreinander eintreten.

Dein Reich ist schon
mitten unter uns,
zeichenhaft,
wenn wir dir danken
für alle guten und schönen Dinge,
wenn wir wie die Kinder
uns freuen und mitteilen,
wenn wir dir vertrauen
in den Schwierigkeiten des Lebens,
wenn wir Liebe schenken
und Liebe erfahren,
wenn wir uns versöhnen
mit einem Menschen.

Laß doch so
dein Reich schon unter uns sein!

Zu wem beten
hab doch keinen Gott -
zu wem weinen
wenn zu Schand und Spott
ich steh hier in Stock und Grind?
Bet ich
lacht mich aus der Wind
wein ich
gucken Augen blind -

Mosche Schkar

Am nächsten Tag – es war der Sabbat –
kamen die führenden Priester und die Pharisäer
miteinander zu Pilatus und sagten:

Herr, uns ist eingefallen,
daß dieser Schwindler behauptet hat,
er werde drei Tage nach seinem Tod auferweckt werden.
Gib deshalb Anweisung,
das Grab bis zum dritten Tag streng zu bewachen!

Ich gebe euch die Wache, sagte Pilatus.
Geht und sichert das Grab,
wie ihr es für nötig haltet!

Matthäus 27, 62-65

Es gibt Leute,
die sagen,
du bist endgültig tot.

Ordnungsgemäß
habe deine Beerdigung
stattgefunden.
Deine eigenen Freunde
hätten den Schlußstein gesetzt.
Eine Rückkehr
sei ausgeschlossen,
genügend Wachen
wüßten es zu verhüten.

Ihre Argumente
schlagen mich in die Flucht.
Aber zaghaft
flackert in mir die Hoffnung,
daß sie dich nicht
für immer totkriegen.

Laß mein flackerndes Hoffen
nicht verglimmen.

Der Herr hat's gegeben,
der Herr hat's genommen;
der Name des Herrn sei gelobt!

Hiob 1, 21

Ich möchte gern beten wie Hiob:
Du, Herr, hast's gegeben,
du kannst es auch nehmen.
Aber leicht fällt mir das nicht.
Ich hänge an dem,
was du mir gegeben hast:
Menschen,
Besitz,
Leben.
Nichts möchte ich hergeben.

Warum willst du nehmen,
was du gegeben hast?
Warum gibst du uns, wenn du es wieder
nehmen willst und doch weißt,
daß wir so sehr daran hängen?
Und wäre das Liebe,
wenn ich es gern hergeben würde?

Vergib mir,
daß es mir schwerfällt, im Leid zu loben.
Aber um eins bitte ich dich:
Gib mir - wenn du mir nimmst -
die Gewißheit,
daß mich nichts scheiden kann
von deiner Liebe.

Herr, ich habe keinen Menschen.

Johannes 5, 7

Herr, manchmal bin ich so gespalten.

Ich sehne mich nach Menschen,
aber zugleich fliehe ich vor ihnen.
Ich leide unter Einsamkeit,
aber ich möchte allein bleiben.
Ich seufze unter der Verschlossenheit,
aber ich will mich nicht öffnen.
Ich erwarte ein freundliches Wort,
aber ich spreche keins.
Ich möchte verstanden werden,
aber ich kann nicht verstehen.

Befreie mich von mir selbst.
Ich möchte ein Mensch sein,
mit dem sich's leben läßt.

Gegen die Dürre des Herzens
hilft nur das Gebet,
und sei es noch so arm und klein.

Sophie Scholl
an ihren Freund
im Jahr 1942

Heile mich, Herr,
so bin ich heil,
hilf mir,
so ist mir geholfen;
ja, mein Lobpreis bist du.

Jeremia 17, 14

Herr, unser Leiden
ist unsere Unfähigkeit zum Leiden.
Heile uns von dem Leiden,
nicht leiden zu können.

Herr, unsere Armut
ist unser Hängen am Reichtum.
Heile uns von dem Reichtum,
der unser Herz arm macht.

Herr, unsere Schwachheit
ist unser Mißbrauch der Kraft.
Heile uns von der Kraft,
die unsere Schwäche ist.

Herr, unsere Einsamkeit
ist unser Mangel an Vertrauen.
Heile uns vom Mißtrauen,
das uns einsam sein läßt.

Jesus wurde vom Geist in die Wüste geführt,
um vom Teufel versucht zu werden.
Und als er vierzig Tage und vierzig Nächte gefastet hatte,
war er hungrig.
Da trat der Versucher zu ihm und sagte:
Bist du Gottes Sohn,
so sprich, daß diese Steine Brot werden.
Er aber antwortete:
Es steht geschrieben,
der Mensch lebt nicht vom Brot allein,
sondern von jedem Wort,
das aus Gottes Mund kommt.

Matthäus 4, 1-4

Herr, du hast dir selbst das Brot versagt,
aber den anderen hast du es verschafft.
Du hast für andere gehungert
und nicht andere für dich hungern lassen.
In deinem eigenen Hunger hast du gesagt:
„Der Mensch lebt nicht vom Brot allein."
Aber zum Hunger der anderen hast du gesagt:
„Gebt ihr ihnen zu essen."

Um der Ehre Gottes willen
hast du für dich auf Brot verzichtet,
aber den anderen hast du Brot gegeben.

Wir aber denken zuerst
an Brot für uns selbst,
nicht an das Brot für die anderen.
Wir können das Viele nicht teilen,
um wieviel weniger das Wenige.
Wenn es um unser eigenes Leben geht,
sind uns alle Mittel heilig.
Wäre es uns gegeben,
machten wir selbst aus Steinen Brot.

Wenn es ums Brot geht,
wird unser Herz zu Stein.
Laß mich Brot sein, nicht Stein.

Elia setzte sich unter einen Wacholder
und wünschte sich zu sterben
und sprach: Es ist genug, Herr,
so nimm nun meine Seele...
Und siehe, ein Engel rührte ihn an
und sprach zu ihm: Steh auf und iß!

Und er sah sich um, und siehe,
zu seinen Häupten lag ein geröstetes Brot
und ein Krug mit Wasser.
Und als er gegessen und getrunken hatte,
legte er sich wieder schlafen.

Und der Engel des Herrn
kam zum zweitenmal,
rührte ihn an und sprach:
Steh auf und iß! Denn
du hast einen weiten Weg vor dir.

1. Könige 19, 4-7

Herr, manchmal ist es zum Davonlaufen,
da haben wir alle und alles satt;
wir sind erschöpft und meinen,
es lohnt sich nicht mehr zu leben.
Vergeblich unser Glauben und Lieben.
Vergeblich unser Mühen um Wahrheit.
Vergeblich unsere Arbeit.
Es hat alles nichts genützt;
alles ist beim alten geblieben.
Resignation befällt uns.
Wir geben auf.

Aber du gibst uns nicht auf.
Du sendest deinen Engel.
Er soll uns stärken –
nicht durch Utopien,
sondern mit dem Blick auf das Nahe,
das Tägliche, das Menschliche:
Essen und Trinken wie bei Elia.
Aber auch: Ausruhen. Schlafen.
Zu Hause sein können. Kleine Feste.
Bücher. Bilder. Musik.
Wandern. Schwimmen. Freundesnähe.
Von der Sonne bescheinen lassen.
Im Arm eines Menschen liegen.
Tausendfältig sind deine Ermutigungen.

Herr, wir brauchen nicht aufzugeben.

Gewiß ist,
daß wir nichts zu beanspruchen haben,
doch alles erbitten dürfen.

Dietrich Bonhoeffer

Die Frömmigkeit ist ein großer Gewinn, -
aber für den, der genügsam ist.
Denn wir haben nichts in die Welt gebracht;
darum werden wir auch nichts hinausbringen.
Wenn wir aber Nahrung und Kleider haben,
so wollen wir uns damit begnügen.

1. Timotheus 6, 6-8

Du hast mir genügend gegeben,
aber dennoch ist mir das nicht genug.
Ich käme mit weniger aus,
aber verzichten fällt mir schwer.
Ich möchte mehr haben als andere.

Die Ungenügsamkeit meiner Umwelt
reißt mich mit fort.
Ich meine,
wenn jeder zufriedener würde,
könnte ich auch zufriedener sein,
dabei vergesse ich,
daß die erste notwendige Veränderung
meine eigene Veränderung wäre.
Ich jage nach immer mehr,
aber das macht mich freudlos,
nervös und krank.

Herr, gib mir die Kraft,
genügsam zu werden
und zufrieden zu sein
mit dem, was ich habe.

Erlöse uns von dem Bösen.

Matthäus 6, 13

Herr, befreie uns,
nicht vom Leid,
sondern von der Unfähigkeit zum Mitleiden.

Herr, befreie uns,
nicht von der Ohnmacht,
sondern von dem Drang zur Übermacht.

Herr, befreie uns,
nicht von der Unsicherheit,
sondern von dem Streben nach Absicherung.

Herr, befreie uns,
nicht von der Wirklichkeit,
sondern von der Blindheit gegenüber der Wirklichkeit.

Wenn aber einer von euch
nicht weiß, was er tun muß,
soll er Gott um Weisheit bitten.
Gott wird sie ihm geben, denn er gibt gern
und teilt allen großzügig aus.

Jakobus 1, 5

Herr, obwohl wir viel Wissen haben,
mangelt es uns oft an Weisheit.

Wir wissen, daß unser Lebenskomfort
andere Menschen in Hunger und Elend
verkommen läßt. Wir wissen,
daß unser Rechthabenwollen Streit bringt
und unsere Konflikte die Welt
in Gefahr bringen, aber es mangelt uns
an Weisheit, sie zu lösen.
Wir haben gute Einsichten und bleiben
doch ratlos, und unsere Klugheit
schützt uns nicht vor Torheit.

Wir bitten dich um Weisheit, zu tun,
was Leben erhält und Frieden schafft,
auch wenn es unserer Klugheit
unvernünftig und töricht erscheint.
Laß uns aber nicht
Weisheit mit Schlausein verwechseln.
Vergib uns unsere Schläue!

Wir bitten dich um Weisheit,
die uns nicht schont,
sondern deiner Welt dient.
Wir bitten dich, leite uns
mit deinem Geist, daß wir in Weisheit
und Ehrfurcht vor dem Leben handeln.

Für mich ist das Gebet
ein Aufschwung des Herzens,
ein einfacher Blick zum Himmel empor,
ein Schrei der Dankbarkeit und der Liebe,
aus der Mitte der Prüfung
wie aus der Mitte der Freude;
kurz, es ist etwas Großes,
Übernatürliches,
das mir die Seele ausweitet
und mich mit Jesus vereint.

Therese von Lisieux

Der Friede Gottes,
der höher ist als alle Vernunft,
bewahre eure Herzen und Sinne
in Christus Jesus.

Philipper 4, 7

Herr, dein Friede ist stark.
In bitterster Feindschaft hast du gebetet:
„Vergib ihnen;
denn sie wissen nicht, was sie tun."

Wir möchten lieber vergelten als vergeben,
lieber hassen als lieben.
Aber dadurch wird die Feindschaft immer tiefer
und der Feind immer fremder.
Im Haß sind wir blind, maßlos und ungerecht,
im Haß regiert uns die Unvernunft,
bleiben wir friedlos.

Bewahre uns in deinem Frieden,
der uns vernünftig sein läßt
und doch höher ist als alle Vernunft.

Herr, dein Friede macht reich.
Du hast verheißen:
„Selig sind die Friedfertigen."

Wir wollen Schritte zum Frieden wagen,
auch wenn andere ihnen ausweichen.
Wir suchen nicht nur den Frieden für uns,
sondern für alle Menschen,
weil es sonst ein fauler Friede wäre.
Du hast uns den inneren Frieden gegeben,
damit wir für den äußeren wirken können.

Bewahre uns in deinem Frieden.

Ich erinnere mich an früher,
an alles, was du damals vollbracht hast;
ich denke über deine Taten nach.
Betend strecke ich dir die Hände entgegen
und warte sehnsüchtig auf deine Hilfe,
wie ein ausgedörrtes Land auf Regen wartet.

Psalm 143, 5-6

Herr, wir wollen wissen,
was du morgen tun wirst,
und vergessen, was du gestern getan hast.
Weil uns das Vergangene entfällt,
überfällt uns die Angst vor dem Kommenden.

Läßt du uns morgen allein,
wenn du gestern bei uns gewesen bist?

Kannst du uns morgen versagen,
was du gestern gegeben hast?
Wirst du uns morgen fallen lassen,
wenn du uns gestern gehalten hast?

Wenn wir uns erinnern,
was du uns gestern Gutes getan hast,
schwindet uns die Sorge um morgen.
Denn du bist
gestern, heute und morgen derselbe.

Bibelübersetzungen

Die Bibel in heutigem Deutsch
Die Gute Nachricht des
Alten und Neuen Testaments.
Deutsche Bibelgesellschaft,
Stuttgart, 1982

Einheitsübersetzung
Katholische Bibelanstalt GmbH,
Stuttgart, 1980

Revidierte Luther-Bibel 1975
Deutsche Bibelgesellschaft,
Stuttgart

Fotonachweis

Willi Rauch
Titelfoto, Seite 27

Werner Richner
Seite 13, 35

Reinhold Schönemund
Seite 5, 19, 43

2. Auflage 1986
Einband und Typografie: Kurt Wolff, Düsseldorf-Kaiserswerth
Schrift: Times
Reproduktionen: Peter Karau, Bochum
Satz und Druck: Steinbeck-Druck, Sprockhövel
Einband: Verlagsbuchbinderei W. Berenbrock, Wuppertal
ISBN: 3 7811 0362 5